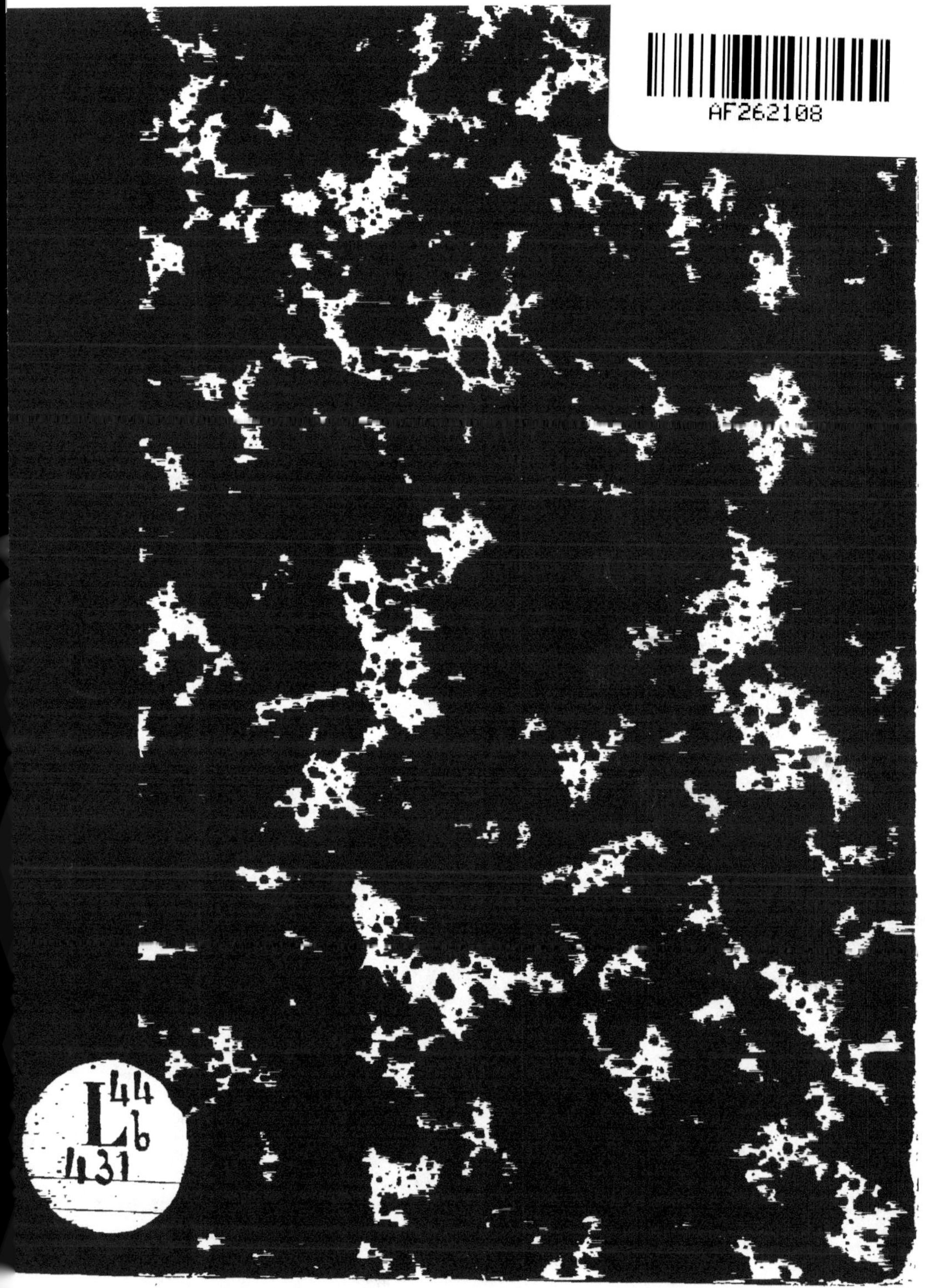

# LA VIE

## DU

## SOLDAT FRANÇAIS,

### EN TROIS DIALOGUES

COMPOSÉS

Par un Conscrit du département de l'Ardèche,

et

Dédiés à son Colonel.

Mais qui peut dans sa course arrêter ce torrent ?
Achille va combattre, et triomphe en courant.

RACINE.

A MUNICH,

DE L'IMPRIMERIE ÉLECTORALE,

OCTOBRE 1805.

# ÉPITRE DÉDICATOIRE

## A

## MONSIEUR LE COLONEL

### DU *** RÉGIMENT DE CHASSEURS.

Mon colonel,

J'ai écrit ce petit Ouvrage sur un tambour, et j'espère qu'il fera assez de bruit pour n'être pas indigne de son origine.

En retraçant les avantages de la vie militaire,

j'ai raconté naïvement ce que j'ai vu et ce que j'ai senti ; càr je rougirais d'offrir à mon Colonel des paroles sans vérité.

Je suis Français, je suis militaire, je suis soldat de la grande armée ; je combats pour mon pays sous les yeux de Napoléon : je vis dans ces temps miraculeux où *un mois se compte pour une année ;* où notre Empereur, qui n'était allé en Allemagne que pour commander l'armée française, s'est vu obligé de commander aussi l'armée de son ennemi ; où quinze jours de son génie l'ont rendu maître de seize généraux, de soixante mille prisonniers, de deux cents canons, et de quatre-vingt-dix drapeaux. Bien fou qui chercherait un plus beau sort ! On dit que les gens heureux ne peuvent pas se taire, et voilà pourquoi je suis devenu auteur.

Qu'il sera doux, qu'il sera glorieux d'avoir eu part à cette époque si fertile en prodiges ! Je dirai un jour avec orgueil : J'étais de cette armée d'aigles qui, en un mois, vola des sables de Boulogne jusqu'aux rives du Danube ; j'étais de cette

armée de lions qui terrassa les hordes sangui-
naires conjurées contre ma patrie ; j'étais de cette
armée de libérateurs avec laquelle le héros du
siècle replaça l'Europe dans la balance de la justice et de la paix. Je serai écouté avec respect,
et mon cœur se réjouira.

Mais j'ignore, mon Colonel, si l'écrit que
je mets sous votre protection obtiendra la
même faveur ; car je sais plutôt agir que bien
dire. Si donc quelque journaliste venait à chi-
caner mon style, je vous prie de le faire venir
un jour de bataille, et de le placer à côté de
moi, afin que l'on voie qui de nous deux char-
gera de meilleure grace les ennemis de son
pays.

Je vous ai fait cette Épître dédicatoire sans
vous en avoir demandé la permission, parce
qu'à l'armée les secours et les dangers sont
communs. De même que mes camarades et moi
sommes prêts à vous suivre jusqu'aux enfers,
j'ai pensé que vous ne refuseriez pas de me suivre
au temple de l'Immortalité, où tout auteur

a le droit incontestable de se placer avec ses protecteurs et ses amis.

Je suis, mon Colonel, à la vie et à la mort, votre dévoué soldat,

L'ÉVEILLÉ, *Conscrit du département de l'Ardèche.*

'A Ulm, le 20 octobre 1805, jour de la revue de l'armée autrichienne par l'Empereur des Français.

# LA VIE

## DU

# SOLDAT FRANÇAIS.

## LE CONSCRIT.

### PREMIER DIALOGUE

*Entre* MARIE GERVAIS, *et* JACQUES GERVAIS *son fils.*

#### MARIE GERVAIS.

Ah, bon dieu ! mon enfant, as-tu entendu le tambour ?
N'ont-ils pas dit qu'il fallait partir demain ?

#### JACQUES GERVAIS.

Sans doute, ma mère. Vous pensiez que je n'avais
pas l'âge. Mais on a devancé le terme, et j'ai gagné une
année. Tant mieux ! tant mieux ! les plus jeunes feront
voir qu'ils sont les plus braves.

#### MARIE GERVAIS.

Jacques, tu es donc bien aise de quitter ta mère ?

#### JACQUES GERVAIS.

Au contraire ; cela me fait bien de la peine. Mais,

voyez-vous, on sent qu'on est homme et qu'on a des devoirs à remplir. Si quelque bandit, traversant notre village, s'avisait de vous maltraiter, de brûler votre grange et de piller votre basse-cour, me blâmeriez-vous de prendre des armes, et de vous défendre contre le voleur ? Ne diriez-vous pas que je me comporte comme un bon fils? Eh bien ! le cas est le même. La patrie, c'est votre mère et la mienne. De méchans étrangers veulent la déchirer, la piller, et tuer ses enfans. C'est à nous, qui sommes jeunes et forts, de couper les oreilles à ces drôles-là. Ainsi, en partant pour l'armée, nous faisons notre devoir; et quand on fait son devoir, quelque pénible qu'il puisse être d'ailleurs, on sent malgré soi, dans son cœur, un certain contentement qui vaut tous les plaisirs.

**MARIE GERVAIS.**

Ta tête n'est point encore assez mûre pour raisonner là-dessus.

**JACQUES GERVAIS.**

Je pense cependant tout comme notre curé, qui a les cheveux blancs, et qui vous confesse. J'étais à la Municipalité lorsqu'il y a conduit ses deux neveux pour les faire enregistrer. Il a profité de la circonstance pour leur dire beaucoup de choses bien dignes d'être retenues. Il leur a expliqué que Dieu n'aimait pas les lâches; qu'il voulait qu'on défendît son pays et son Empereur, et qu'un soldat chrétien était bien agréable aux yeux de la religion. Il a mêlé à ses discours plusieurs morceaux des saintes Écritures, que j'ai reconnus, et où il semble que Dieu lui-même parlait aux Conscrits. Ses deux neveux l'écoutaient avec une grande attention ; mais en même temps une joie guerrière brillait dans leurs yeux , et ils étaient aussi impatiens que moi de partir. Allez, je m'y connais: quoique ce soient des jeunes gens bien rangés, et qui parlent latin comme un bréviaire, soyez sûre qu'ils ne se conduiront pas comme des soldats du pape.

### MARIE GERVAIS.

En vérité, on ne s'y connaît plus. Tous les enfans de ce pays sont des diables en sortant de la coquille.

### JACQUES GERVAIS.

Bah ! c'est tout simple. Ne vous souvenez-vous plus de tout ce que le vieux Suisse nous racontait de son pays? Aussitôt qu'un officier revenait de France, d'Espagne ou de Hollande passer un quartier d'hiver dans son château, tous les habitans du canton qui avaient des enfans en âge de servir, venaient les lui présenter. Il n'y avait point de différence entre les laboureurs, les artisans et les bourgeois. C'était un beau spectacle que celui de tous ces braves gens qui conjuraient l'officier, la larme à l'œil, de vouloir bien faire l'honneur à leurs enfans de les recevoir dans son régiment. Les grands garçons étaient là présens, tout timides, tout tremblans, et n'osant lever les yeux ; mais à peine l'officier avait-il prononcé le mot favorable, qu'on n'aurait pu les reconnaître, tant ils devenaient tout-à-coup fiers et joyeux : il n'y avait de tristes, tant parmi les pères et mères que parmi les enfans, que ceux dont la demande était renvoyée à l'année suivante.

#### MARIE GERVAIS.

Pourquoi donc ces Suisses étaient-ils si contens, puisqu'enfin ils n'allaient pas servir leur patrie, mais des royaumes voisins ?

#### JACQUES GERVAIS.

Ah, ma mère ! c'est parce qu'on n'aime pas mourir garçon, et qu'en Suisse on ne trouverait pas une fille qui voulût se marier avec un homme qui n'aurait pas servi.

#### MARIE GERVAIS.

Voilà une singulière fantaisie. Quelle différence y a-t-il donc entre un homme qui a porté les armes, et un autre ?

#### JACQUES GERVAIS.

Vous le savez mieux que moi, ma mère ; la différence saute aux yeux. Combien un jeune homme qui revient de l'armée n'a-t-il pas meilleure grace que celui qui a toujours été borné aux habitudes et aux travaux de son état ! On remarque sa bonne mine, sa démarche, son air, qui est tout à-la-fois honnête et résolu ; tandis que l'autre reste lourd, gauche et grossier. Allez, ma mère, les filles, qui ont plus de malice que nous, ne s'y trompent pas. Ce sera bientôt chez nous comme en Suisse : on sera le rebut de tout le monde, quand on n'aura pas porté l'uniforme ; on vous montrera au doigt comme un poltron, et les demoiselles vous riront au nez avec mépris : cela ne commence déjà pas mal, et je m'aperçois bien tous les jours de la préférence qu'on donne aux braves gens qui ont vu le feu. Je n'oserai vous répéter tous les propos qu'on tient sur ceux qui n'ont pas eu ce courage. Un garçon d'honneur ne souffre pas ces affronts-là : si je m'y étais exposé, je me mépriserais moi-même; je quitterais mon nom de Français, et je voudrais porter toute ma vie une cornette et des jupons.

### MARIE GERVAIS.

Mon enfant, les jeunes filles sont des étourdies, qui ne songent qu'à la vanité ; mais les mères pensent autrement.

### JACQUES GERVAIS.

Je vous assure que les mères pensent tout comme leurs filles. Elles disent que l'armée est une bonne école : un jeune homme s'y accoutume à la diligence, à l'exactitude, à la propreté, et à bien d'autres excellentes habitudes qui lui seront honorables et avantageuses le reste de sa vie; elles disent aussi que presque tous les malheurs qui arrivent dans le monde viennent d'entêtement et d'insubordination, et que, quand un jeune homme est né avec ces dangereux défauts-là, il est perdu, si on ne le met pas dans un régiment. Celui qui a été obéissant à son capitaine, en est bien plus docile avec sa mère. Mais quand j'y aurai passé, je vous expliquerai cela plus sûrement.

### MARIE GERVAIS.

Mais, mon pauvre enfant, si tu venais à périr !

### JACQUES GERVAIS.

Bah ! c'était bon autrefois ; mais à présent les soldats français vont si vite, qu'ils n'ont pas le temps d'être tués. *L'Empereur*, disent-ils, *a trouvé une nouvelle méthode de faire la guerre ; il ne se sert que de nos jambes, et pas de nos baïonnettes.* Désormais les soldats français seront éternels, et l'on ira à l'armée pour sa santé.

### MARIE GERVAIS.

J'avais cependant pensé qu'il y aurait quelque moyen de t'empêcher de partir, si tu voulais t'y prêter.

### JACQUES GERVAIS.

Oh ! ma mère, éloignez cette mauvaise pensée, elle me ferait peine à entendre dans votre bouche ; écoutez plutôt une histoire que j'ai lue dans mon enfance, à l'école de M. le Vicaire, et qui ne s'est jamais effacée de ma mémoire.

La chose s'est passée en Suède, pays dont les habitans aiment beaucoup les Français, parce qu'ils leur ressemblent. Leur roi s'appelait Gustave, et était grand et fameux : je vous avertis, ma mère, que ce roi est mort il y a long-temps. Les habitans d'un petit bourg reçurent un jour l'ordre de faire partir pour l'armée tous les hommes en état de porter les armes, et l'ordre fut ponctuellement exécuté : mais au milieu de la nuit on fut bien surpris d'entendre revenir dans le bourg une partie de ces hommes, qui avaient laissé leurs camarades, et s'étaient échappés à la faveur d'un bois qu'il avait fallu traverser. Les fugitifs se trouvant ainsi dans le lieu de leurs habitations, frappèrent à la porte, soit chez leurs parens et leurs femmes, soit chez leurs amis ou leurs connaissances : ils tâchèrent de se faire reconnaître, mais ce fut peine perdue ; car, quoiqu'on les reconnût fort bien, on s'accorda partout à n'en rien faire paraître. Quand ils insistaient, on leur répondait qu'ils étaient des imposteurs, et qu'on ne connaissait dans le bourg que des gens d'honneur, incapables de trahir leur patrie et leur roi. Cependant ces pauvres poltrons, fatigués de leur course, mouraient de faim, et demandaient, en se lamentant, qu'on leur envoyât du pain ; mais on se moqua d'eux, et seulement de temps en temps on leur jetait par les fenêtres des quenouilles et des fuseaux, en leur chantant : « Filez, filez, belles coureuses de nuit ; « quand vous aurez fait votre tâche, on vous enverra la « portion des servantes. » Ces malheureux furent ainsi obligés de repartir, et de marcher toute la nuit pour rejoindre le détachement dont ils avaient eu la faiblesse de se séparer : mais ils eurent une si grande honte de leur erreur, qu'ils jurèrent de périr tous, plutôt que de ne pas la réparer par quelque action d'éclat. En effet, ils firent des prodiges de valeur pendant toute la guerre, et le roi donna de grands éloges à ce petit bourg. Voudriez-vous, ma mère, que des Français valussent moins que des Suisses et des Suédois ?

MARIE GERVAIS.

Je vois bien qu'il faut se résigner.

JACQUES GERVAIS.

Oui, ma mère, partagez notre joie. C'est vraiment

un jour de fête. Entendez la musique; voyez ces rubans qui flottent sur mon chapeau : c'est aujourd'hui que nous commençons à être hommes et citoyens. Nous avons dansé de bon cœur devant la Maison commune, en chantant une chanson qu'un des nôtres a composée pour cette grande circonstance : parbleu! ma mère, j'ai envie de vous la répéter pendant que vous ferez mon sac !

MARIE GERVAIS.

Je me rends; chante , mon ami. Ces petits diables sont aussi gais qu'ils sont braves; rien ne leur résistera.

CHANSON. *

Aïr : *Aussitôt que la lumière.*

Un peuple trompant la France,
De Mars hâte le retour :
On défendit notre enfance ;
C'est maintenant notre tour.
Les biens d'un âge plus tendre
Sont dus à nos premiers nés ;
A ses cadets il faut rendre
Ce qu'on doit à ses aînés.

Quand la Gloire, à notre tête,
Marche avec Napoléon,
Le combat n'est qu'une fête ;
Déjà gronde le canon.

* Cette Chanson et la suivante ne sont pas de l'auteur des Dialogues, mais d'un de ses camarades.

Marchons ! Ce bruit est sans cesse,
Quand nos ennemis sont près,
Pour eux, signal de détresse ;
Pour nous, signal de succès.

Nos aînés, vieilles milices,
Furent des héros vingt fois ;
Égalons à leurs services
Le nombre de nos exploits.
Ce qu'ils sont par leur courage.
Nous le deviendrons demain :
Tout le monde est du même âge
Avec le sabre à la main.

Hâtons-nous, mes camarades,
L'Empereur est devant vous ;
Joignons vite nos brigades,
Ou rien ne sera pour nous.
Sous ce fils de la Victoire,
Avec un jour de retard,
Dans le triomphe et la gloire
Pour toujours on perd sa part.

# LE SOLDAT.

### SECOND DIALOGUE
*Entre* MARIE GERVAIS, *et* JACQUES GERVAIS *son fils.*

#### JACQUES GERVAIS.

BON JOUR, ma mère; embrassez-moi.

#### MARIE GERVAIS..

Comment, Jacques! c'est toi!... ah! quel bonheur!

#### JACQUES GERVAIS.

Mon capitaine est venu apporter les drapeaux pris sur l'ennemi, et il m'a choisi pour l'accompagner. Je me suis détourné de quelques lieues afin de pouvoir venir vous embrasser.

#### MARIE GERVAIS.

Bon dieu! comme te voilà brave! comme cet habit militaire te va bien! D'honneur! je ne t'aurais pas reconnu. Laisse-moi appeler nos voisines, pour qu'elles t'admirent aussi?

#### JACQUES GERVAIS.

Ma mère, je n'ai que le temps de vous voir; il faut

que je retourne à l'armée. Mais je reviendrai à la paix, et les voisines m'admireront tant qu'il leur plaira.

### MARIE GERVAIS.

Cette guerre est donc bien agréable, puisque tu es si pressé d'y courir?

### JACQUES GERVAIS.

Voyez, ma mère, je vous aime bien : si pourtant il fallait rester ici pendant qu'on fait la guerre, je n'y tiendrais pas, je ne dormirais plus; vous me verriez sécher comme une fille de vingt-cinq ans.

### MARIE GERVAIS.

C'est singulier !

### JACQUES GERVAIS.

Rien n'est pourtant plus vrai. Quand on a goûté de cette vie d'armée, cela devient une passion; l'amour de la chasse, qui est si violent, n'est rien en comparaison : il y a tant de mouvement, il y a tant d'aventures, que cela enchante. Je crois que les hommes sont bien plus faits pour cette vie-là, que pour languir dans l'oisiveté, ou se consumer dans des métiers sédentaires: aussi, les conscrits à qui on avait inspiré le plus de répugnance, n'ont pas plutôt couché sous la tente, qu'ils ne respirent que la guerre. Il n'en déserte pas un seul; et je vous avoue, pour mon compte, que je n'ai jamais été plus heureux. Si on me renvoyait du régiment, je serais désolé ; et tous mes camarades pensent de même. L'amour de la gloire, le plaisir de vaincre, l'espérance de faire encore parler de soi avec éloge quand on ne sera plus, sont des *passions françaises*, qui brûlent tous les cœurs et enivrent tous les âges.

### MARIE GERVAIS.

Cependant vous avez bien à souffrir ?

### JACQUES GERVAIS.

Appelle-t-on cela souffrir, quand on est vu de son capitaine, de son général, de son empereur ? quand le grand Napoléon lui-même donne l'exemple ? quand, trempé, couvert de boue, et plus fatigué que le dernier tambour, il dit aux Autrichiens : *Votre maître a voulu me faire ressouvenir que j'étais un soldat ; j'espère qu'il conviendra que le trône et la pourpre ne m'ont pas fait oublier mon premier métier.* Si quelquefois on éprouve des privations passagères, on en est amplement dédommagé. Par exemple, moi, j'aime les beaux chevaux, et sur-tout ceux des officiers autrichiens : je n'ai jamais été d'une escarmouche, que je ne m'en sois procuré quelqu'un. J'en ai déjà vendu quatre ; et voilà, dans cette bourse que je vous apporte, quatre-vingt louis bien comptés pour le mariage de ma sœur Jeannette. Je veux être, à mon retour, le parrain de son premier garçon.

### MARIE GERVAIS.

Ah ! mon enfant ! je t'ai toujours connu pour un

bon cœur. Je vais prier le ciel qu'il fasse prospérer ton petit commerce de chevaux autrichiens.

JACQUES GERVAIS.

Je vous réponds que le grand Napoléon y pourvoira bien tout seul. Nous autres Français ne sommes pas de ces automates d'Allemagne, qui font la guerre comme des machines : presque chaque soldat a dans son sac une petite carte du pays, sur laquelle il suit la marche de l'armée, pressent la victoire, devine son général, et disserte à mourir de rire. Cela égaye, cela intéresse le soldat. Chacun regardant la guerre comme son ouvrage, et soi-même comme un général, se croit d'autant plus obligé à bien battre l'ennemi.

MARIE GERVAIS.

Mais dis-moi donc, mon enfant, est-ce qu'on s'engraisse à battre des Autrichiens? tu me parais si bien portant !

JACQUES GERVAIS.

Parbleu ! je le crois bien : le généreux Napoléon veut que l'on donne aux soldats toutes les contributions des pays conquis, et toutes les prises que fera l'armée! Tel que vous me voyez, j'ai mangé le dîner de l'archiduc Ferdinand qui n'a pas voulu m'attendre. D'ailleurs, est-ce que nous ne sommes pas reçus par-tout comme des libérateurs et des amis à qui on fait fête ? Mais quand le soldat français ne devrait pas ce bon accueil à la justice de la cause qu'il défend, il le devrait à son propre caractère. Le soldat autrichien est brutal et bat ses hôtes; le soldat russe est dégoûtant et les vole; le soldat français, poli, gai et honnête, ne tarde pas à être l'ami de la maison où il loge : le père cause librement avec lui ; les enfans sautent sur ses genoux ; les demoiselles le questionnent et lui sourient ; les domestiques le servent avec hilarité. S'il est malade, on a pour lui les soins les plus délicats. A cet égard, j'ai été témoin d'une foule de choses qui vous feraient pleurer de joie. Je vous le dis avec sincérité, ma mère : je crois qu'un homme qui n'a pas été à la guerre, ne peut pas se vanter d'avoir vécu.

### MARIE GERVAIS.

Mais, cependant, quand vous êtes campés sans rien faire, vous devez bien vous ennuyer ?

### JACQUES GERVAIS.

Jamais un soldat français n'est ni oisif, ni ennuyé ; il a trop d'invention pour cela. Je voudrais que vous eussiez vu un camp où l'on a séjourné quelque temps : c'est comme une charmante ville ayant de grandes rues, de petites maisons, de jolis jardins, de beaux monumens couverts de sculpture et d'inscriptions ; enfin toutes sortes d'inventions, qui font autant d'honneur à l'esprit du soldat qu'elles sont commodes pour son usage. Aussi, vous ne sauriez croire combien cela donne de ressources et d'industrie. Si j'étais dans un île déserte, je serais bien moins embarrassé que Robinson. Tel que vous me voyez, j'ai appris, en me divertissant, une foule de métiers, et sans qu'il m'en ait coûté autre chose que de rire avec mes camarades. Je suis tout à-la-fois blanchisseur, maître d'armes, tailleur, architecte, danseur, cuisinier, sculpteur, musicien, armurier, et j'ai joué le capitaine des gardes dans la tragédie. Ajoutez à cela, qu'un soldat est toujours prêt aux événemens, et ne perd pas la tête. Les filles savent bien ce qu'elles font, quand elles préfèrent pour mari un militaire : il est sûr que cinq ans d'expérience à l'armée valent mieux que dix arpens de terre.

MARIE GERVAIS.

A la manière seule dont tu parles, mon enfant, je vois bien que tu as profité.

JACQUES GERVAIS.

Le moyen de ne pas profiter ? On voyage, et cela fait connaître le monde ; on se trouve avec des camarades de tous pays, qui n'avaient ni la même manière de vivre, ni la même profession, ni la même religion ; cela fait réfléchir, donne des idées et mûrit la tête. Mais ce qui m'en plait davantage, c'est que tout en s'instruisant, le soldat reste content et sans inquiétude. Il y a de quoi faire rire les morts, dans les histoires que le soir, dans la chambrée, chacun raconte à son tour. J'en ai recueilli une si belle provision, que je pourrais en amuser mes petits enfans jusqu'à la cinquième génération.

MARIE GERVAIS.

Oh, Jacques ! que j'aurais de plaisir à les entendre !

## JACQUES GERVAIS.

Je le crois bien ; mais ce n'est pas seulement dans leurs contes que les soldats sont d'une gaîté intarissable : leur caractère se peint encore mieux dans leurs actions, et entre mille traits que je pourrais citer, écoutez celui-ci dont j'ai été témoin. Il arriva une fois que le fournisseur ne fut pas exact à distribuer au régiment les souliers qui lui étaient dus. Les soldats avaient les poches pleines d'or et d'argent, comme cela arrive fréquemment à la guerre. Huit d'entre eux imaginèrent de louer quatre des plus beaux carrosses du pays ; c'étaient ceux de la cour d'un petit prince allemand. Ils firent atteler à chacun six chevaux de poste, montèrent deux à deux dans les voitures, et se rendirent à quinze lieues de là dans une petite ville où était le magasin. Les huit soldats y descendirent, et se firent délivrer l'objet de leur voyage. Pendant ce temps-là le fracas de leur entrée dans la ville avait mis tous les habitans sur pied ; la foule entourait le magasin, et s'épuisait en conjectures sur cette magnifique visite. Jugez quel fut l'étonnement général quand on vit les huit soldats sortir du magasin, ayant chacun sous le bras une paire de souliers, se saluer avec une noble politesse, et monter gravement dans leurs carrosses. Cette folie si originale, et qui ne pouvait entrer que dans la tête de soldats heureux et français, fit pâmer de rire tous les spectateurs, et je vous réponds que dans un siècle les *loustigs* d'Allemagne en parleront encore.

## MARIE GERVAIS.

Mais, êtes-vous toujours aussi gais ?

## JACQUES GERVAIS.

Toujours, et sur-tout quand il faut se battre ; aussi, voyez la différence : on mène au combat les Autrichiens avec de l'eau-de-vie et des coups de bâton, les Russes avec des prières à Saint Nicolas, et nous avec des chansons. On traite les premiers comme des chiens, les seconds comme des pénitens, et nous comme les enfans de la victoire, qui vont à la fête de leur mère.

## MARIE GERVAIS.

Tu me sembles si content, et je suis si bonne mère, que même en te voyant partir, je dois me réjouir de ton bonheur. Viens déjeûner, et tu me chanteras une de ces chansons vicotrieuses du bâton, et de Saint Nicolas.

---

# CHANSON.

### AIR *Du Pas redoublé*

Mes amis, n'entendez-vous pas
    Le son de la trompette ?
Volons tous, volons aux combats ;
    Que rien ne nous arrête.
Que l'ennemi battu, criblé,
    Déplore sa défaite ;
Et sur l'air du Pas redoublé
    Qu'il batte sa retraite.

Amis, vous connaissez le goût
    Du peuple germanique ;
Vous savez qu'il aime beaucoup
    Les fugues en musique.

Que nos canons, que notre fer
   Imitent la tempête;
Enfin, faisons un bruit d'enfer
   Pour lui rompre la tête.

Allemands, votre aigle est trop vieux,
   Et ne peut long-temps vivre;
Le nôtre est plus jeune, et peut mieux
   Vers les combats nous suivre.
Nous vous prouverons la vertu
   De notre aigle fidèle;
Et bientôt votre aigle battu
   Ne battra que d'une aile.

Voyez leurs bataillons épars,
   Leurs troupes renversées;
Regardez-les de toutes parts
   Fuir à marches pressées.
Gagnons le prix de la valeur;
   Et, trompant leur ressource,
Otons-leur même, au champ d'honneur,
   Jusqu'au prix de la course.

# LE VÉTÉRAN.

### TROISIÈME DIALOGUE
*Entre* MARIE GERVAIS, *et* JACQUES GERVAIS *son fils.*

#### MARIE GERVAIS.

Monsieur , je suis votre servante ; qu'y a-t-il pour votre service ?

#### JACQUES GERVAIS.

Quoi, ma mère ! vous ne reconnaissez pas Jacques ?

#### MARIE GERVAIS.

Comment ? c'est toi ?... Mais non, monsieur veut rire.

#### JACQUES GERVAIS.

Mais ma mère, regardez-moi donc bien.

#### MARIE GERVAIS.

En effet c'est toi, mon garçon..... Que je t'embrasse.... oh le bel homme ! Mets-toi donc là que je te regarde à mon aise : c'est mon fils, j'en deviendrai folle.

#### JACQUES GERVAIS.

Ma mère , cet accueil est le plus beau moment de ma vie.

## MARIE GERVAIS.

Qu'as-tu donc à ta boutonnière ? serais-tu chevalier de saint Louis ?

## JACQUES GERVAIS.

C'est l'aigle de la légion d'honneur, que j'ai reçu des mains du grand Napoléon.

## MARIE GERVAIS.

C'est sans doute pour avoir fait un mauvais prrti aux ennemis ?

## JACQUES GERVAIS.

J'ai été plus heureux : c'est pour avoir sauvé la vie à mon capitaine.

## MARIE GERVAIS.

J'espère que tes courses sont finies. Tu vas demeurer avec nous ?

## JACQUES GERVAIS.

Sans doute, ma mère. La paix est faite. J'ai obtenu mon congé, une pension de retraite, et cette décoration qui est tout à-la-fois le signe et la récompense du courage. Je suis encore bien jeune, et pourtant je jouis déjà, dans toute sa plénitude, du contentement que donne une bonne conscience quand on a fait son devoir, et de la considération qu'on ne refuse en aucun pays au guerrier qui assura, au prix de son sang, le repos et la prospérité de ses concitoyens.

MARIE GERVAIS.

Je suis vraiment fier d'avoir un fils qui pense si bien.

JACQUES GERVAIS.

Un autre avantage qu'on trouve à l'armée, c'est qu'on
se fait là de vrais amis, qui vous sont précieux tout le
reste de votre vie. Dans l'enfance, c'est le hasard qui
donne les amis ; et souvent on est trompé. Mais à l'armée
on se connaît, et l'on s'éprouve dans la bonne comme
dans la mauvaise fortune. Sans parler de mes bons camarades auxquels je ne puis penser sans émotion, il n'est
pas un de mes chefs, qui, si j'en avais besoin, ne s'em-
pressât de me rendre service avec toute la chaleur de la
loyauté française, et de la confraternité militaire. Je regarde leur attachement comme un trésor inappréciable,
sur lequel je me repose avec orgueil et sécurité.

MARIE GERVAIS.

Mais, à propos d'amis, donne-moi des nouvelles de
nos voisins qui sont partis avec toi pour la conscription.
Qu'est devenu François, le fils du tanneur ?

JACQUES GERVAIS.

Tandis que nous étions en Bavière, il a eu occasion
de rendre service à un riche habitant. Il a préservé sa
maison du pillage, et sa fille unique, de la brutalité
de quelques garnemens autrichiens. Le père a été recon-
naissant, la fille amoureuse ; et mon ami François pos-
sède une femme charmante, une dot de 10,000 florins
de rente, et un château dans une situation délicieuse.

#### MARIE GERVAIS.

Et ce malheureux Pierre, le neuvième enfant du pauvre maître d'école ?

#### JACQUES GERVAIS.

Il a eu un bonheur de hussard. Il a coupé un convoi ennemi, où était la caisse militaire toute remplie de bonnes guinées anglaises. Sa part a été considérable, et il l'a fait passer en diligence à un banquier qu'il connaissait à Strasbourg. Quand la paix est venue, au lieu de retirer ses fonds, il s'est associé avec ce banquier ; et il tient maintenant une excellente maison , où ses anciens camarades trouvent toujours, à leur passage, un bon souper et un bon lit aux dépens de ce brave M. Pitt, qui prend un si grand soin de la fortune des hussards français.

#### MARIE GERVAIS.

Et le jeune Casimir, le fils de la financière, si pâle et si menu, combien de temps a-t-il pu vivre loin de sa maman ?

#### JACQUES GERVAIS.

Bah ! il est maintenant plus fort que moi. Le mouvement et la gaîté de la vie militaire fortifient les tempéramens faibles. J'ai vu à l'armée une foule de ces poupées malades , devenir des hommes robustes. Si ce pauvre Casimir fût resté aux côtés de sa mère, il serait mort de mollesse et d'ennui , tandis qu'il va revenir plein de santé, de vigueur et de mâle résolution. L'Empereur a dit : *Mes soldats sont mes enfans ;* et la famille d'un tel père doit prospér

## MARIE GERVAIS.

Et ce grand Edmond, qui donnait tant de soucis à son tuteur ? je n'ose pas t'en parler.

## JACQUES GERVAIS.

Pourquoi donc ? Edmond était vif et ferme. Ses bonnes qualités tournaient contre lui, parce qu'elles n'étaient pas à leur place. Mais à l'armée, ç'a été tout différent: Edmond s'est distingué par une foule d'actions d'éclat qui l'ont fait parvenir. Il est maintenant chef d'escadron. Il est adoré des soldats, et a la confiance des généraux. Je serai bien trompé s'il n'arrive pas un jour, par son seul mérite, aux plus hautes dignités militaires.

## MARIE GERVAIS.

Ma foi, cette guerre est une bonne chose; et il me semble à présent que ta part n'est pas suffisante.

## JACQUES GERVAIS.

Oh, ma mère, c'est que vous ne savez pas encore tout ! En venant ici j'ai voulu voir Paris. J'ai appris dans l'hôtel où je suis descendu, qu'une demoiselle, dont le nom ne m'était pas inconnu, y logeait aussi : c'était mademoiselle Caroline Simon, fille d'un des receveurs des contributions de ce département.

## MARIE GERVAIS.

Je la connais bien aussi; vraiment une jolie fille, jeune et riche. Son père qui l'avait menée pour voir Paris, y a été saisi d'une attaque de goutte. Un grand médecin lui a administré un si bon spécifique, que le pauvre homme a guéri de la goutte, et est mort du remède.

## JACQUES GERVAIS.

Justement! J'ai trouvé cette malheureuse fille dans les larmes. Elle m'a vivement intéressé, et a bien voulu agréer mes soins qui ne lui ont pas été inutiles. Deux intrigans, profitant de son inexpérience et de l'abandon où elle était, conspiraient sa perte. L'un était un fripon qui voulait la dépouiller, et l'autre un libertin qui avait des vues encore plus coupables.

Ce dernier imagina, pour se débarrasser de moi, de me provoquer en duel. Nous sortions de la ville pour vider l'affaire, lorsque ma redingotte ouverte, par hasard, laissa voir le ruban de la légion, et la sentinelle me porta les armes. Mon adversaire connut alors qui j'étais. Son courage descendit à ses talons, et il s'enfuit rapidement le long des murs. Je laissai aller le faquin, qui m'épargnait la peine de la leçon que je lui destinais.

Un général qui m'aimait, me conduisit chez le ministre. J'y trouvai l'autre intrigant, qui avait corrompu les alentours, et allait obtenir la place vacante par la mort de M. Simon. Je parlai, le général m'appuya; et le malhonnête homme fut éconduit. « M. Gervais, me « dit le Ministre, vous avez été quartier-maître de votre « régiment, et vous avez montré dans cet emploi déli- « cat, de l'ordre et de la probité; je vous nomme à la « place de M. Simon.... Ne me remerciez pas, car je « ne fais que remplir les intentions de l'Empereur, qui « veut qu'à mérite égal on préfère toujours ses braves « compagnons d'armes. »

« Et moi, ajouta le général, en me serrant la main,
« je fournirai ton cautionnement. Marie-toi, je me charge
« de faire placer tes enfans au lycée. Comme membre
« de la légion d'honneur, tu fais partie de l'assemblée
« électorale que je préside; je serai bien malheureux,
« si le témoignage que j'y rendrai de ce que tu vaux,
« ne la décide pas à te porter au corps législatif. Il appar-
« tient de faire les lois, à ceux qui savent mourir pour
« elles sur le champ de bataille. »

### MARIE GERVAIS.

Ah! mon bon fils! tu me feras expirer de joie!

### JACQUES GERVAIS.

Calmez-vous. Le général m'a conseillé de me marier :
il me faut pour cela votre consentement, et la fin du
deuil de Mademoiselle Simon.

### MARIE GERVAIS.

Comment! tu l'épouses!.... Ah! que je suis heureuse!

### JACQUES GERVAIS.

Enfin, vous le voyez, ma mère, un militaire qui a
de bonnes mœurs et un peu d'émulation, est sûr de
parvenir. Il trouve dans sa carrière la faveur du sou-
verain, une instruction utile, des amis précieux, de
bons établissemens; et l'estime de tout le monde. Si
moi, qui suis né dans la pauvreté, j'ai recueilli tous ces
avantages, avec quelle facilité n'arrivent-ils pas à ceux
qui apportent d'avance une fortune aisée et un esprit

cultivé, qui les font aussitôt aimer et distinguer dans leurs corps?

## MARIE GERVAIS.

Combien sont aveugles les mères qui s'effrayent de ce qui doit faire là gloire et le bonheur de leurs enfans! Combien doivent être humiliés les poltrons qui voient les jeunes gens de leur âge si supérieurs à eux, et si bien récompensés!

## FIN.

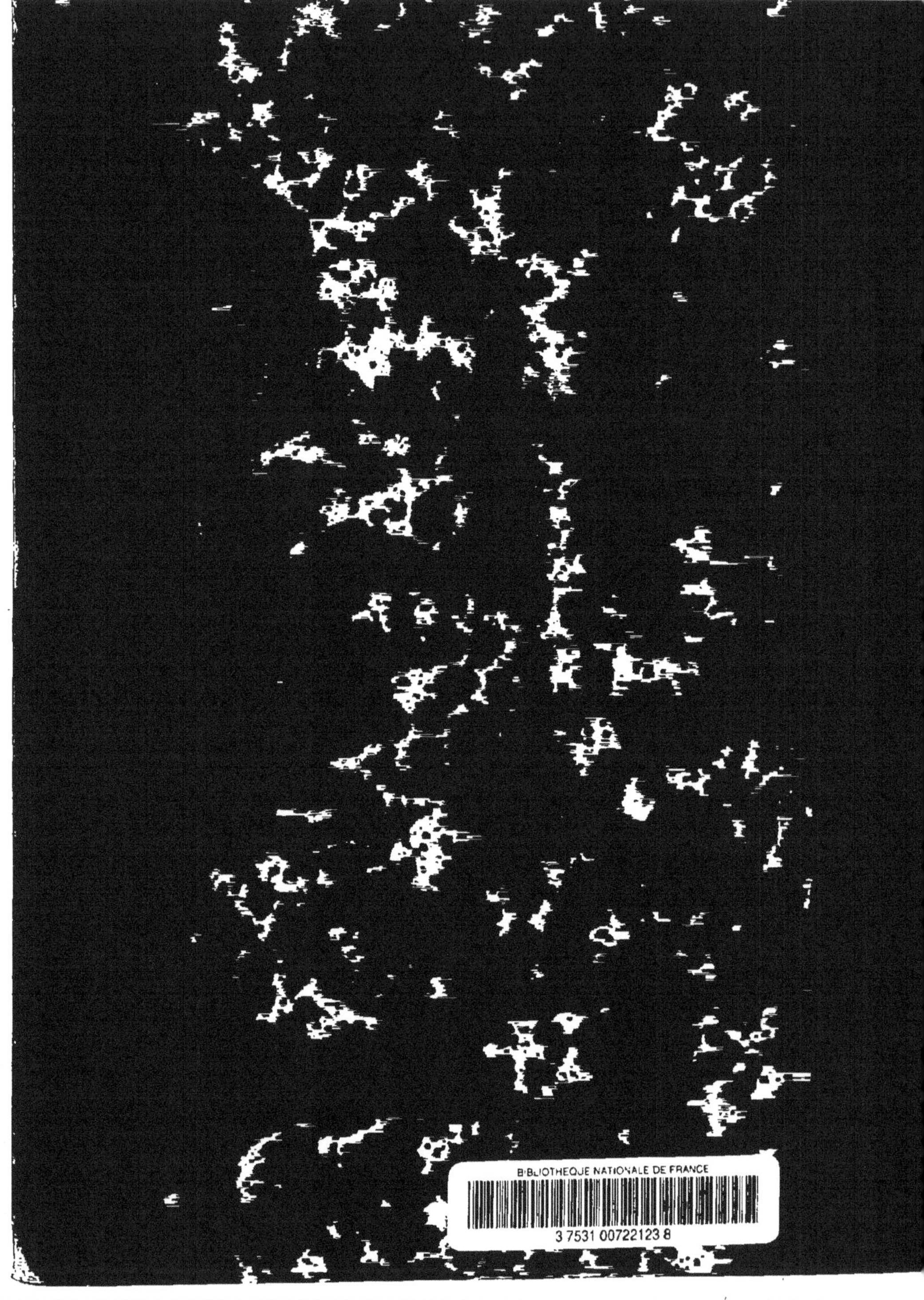

www.ingramcontent.com/pod-product-compliance
Lightning Source LLC
Chambersburg PA
CBHW061600080726
47597CB00005BB/2117